The Sarah and David
Shabbat Morning Book

A Selection of Prayers for Shabbat Morning

By
Diana Yacobi
& Lily Yacobi

Dedicated with love
to Erez Jacob and Maya Rose Yacobi

For information regarding permission, write to:
Sarah and David LLC, PO Box 5894, Englewood, NJ 07631.

Cover Design by Cohava Dodo, Jessica Rothman
Design by Cohava Dodo
Layout by Jessica Rothman, Lily Yacobi

Published by Sarah and David LLC, Englewood, NJ.
www.sarahdavid.com - info@sarahdavid.com

Printed in the U.S.A.
ISBN: 978-0-9796785-2-3

Purpose
The Shabbat Morning Book is a prayer-based Hebrew reading workbook that follows the *Sarah, David and YOU Read Hebrew* curriculum. It revisits all of the special rules and reading skills taught in the Read Hebrew curriculum and applies them to prayers. In addition, students will study the meaning of the prayers based on key words, phrases and thematic statements that accompany each prayer. **NOTE:** To review reading skills and rules in the reading curriculum, see the **Teacher Manual** and the **website** for video explanation and Curriculum Support, www.sarahdavid.com. It is advisable that the teacher have a set of the five-book curriculum to refer to as needed to review or to teach specific reading skills.

Using *The Shabbat Morning Book (Review this with your students.)*
Main Sections
- The **Contents Page** shows the parts of the service and lists prayers to be studied. Icons help to identify parts of the service. Discuss this page to teach the parts of the service and introduce the prayers that will be taught. Students can use the check boxes to check off the prayers that they have studied.
- The **Reading Skills Section** reviews letters, vowels, syllables (beats), and special rules to keep in mind when reading Hebrew. Discuss each of these rules with the students and make sure they understand them. Point out that the goal is to read accurately without letter or vowel errors and fluently meaning correct reading of syllables and words.
- The **Prayer Section** includes ten prayers. Each prayer is organized as a four-page unit. Reform and Conservative versions of certain prayers are provided. Each four-page unit consists of the following:

1. Reading Practice
   This page provides reading practice using words from the prayer. It includes a Reading Skills Checklist (see sample on page nine) for students to complete by referring to the prayer on the next page. Students need a pencil to complete the skills listed in the checklist.

2. Prayer Page #1
   This prayer page is used with the Reading Skills Checklist. Students need a pencil to complete the skills listed.

3. Recognize Sight-Words and Understand the Main Idea
   This page highlights and translates key words in order to build a sight-word vocabulary. It also includes phrases and/or patterns in order to build recognition, improve retention and enhance understanding. There is a thematic statement for each prayer.

4. Prayer Page #2
   This prayer page is intended for students to read and chant from. The goal of this page is fluent and error-free reading. NOTE: Check with the synagogue or temple chazzan for the melody students should use. The prayers can be heard online at www.sarahdavid.com in the Audio Section.

Additional Prayers: Chatzi Kadish, Ashrei and the traditional Avot/G'vurot are included at the end of the book for additional reading and chanting practice.

NOTES:
- In the *Recognize and Understand Sections,* nouns and pronouns are capitalized when referring to God.
- This books contains God's name. It should be treated with respect. If discarded, it should be buried in a genizah. Check with your Rabbi or Cantor.

The Shabbat Morning Service

*Conservative and Reform versions included.

Top Tricks to Remember When Reading Hebrew

This Reading Skills Review Section includes the top tricks to remember when reading Hebrew. Get to know these skills really well. They will help you to become a very good reader.

1. VOWELS

In Hebrew, vowels are symbols that come below, beside or above the letters. Most vowels appear under the letters. When reading, always look to see if the vowel is below, beside or above the letter. Remember to read these vowels from right to left.

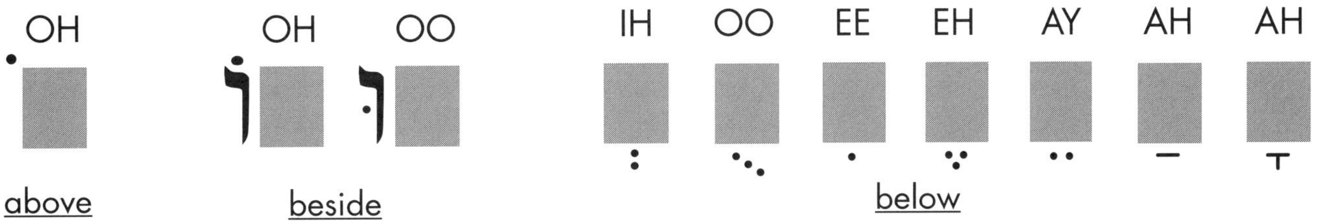

2. YUD WITHOUT ITS OWN VOWEL

When the letter yud follows the cheereek (•) or the tzayreh (••) inside a word and doesn't have a vowel of its own, the yud is part of the vowel. SPECIAL RULE: When the letter yud follows the patach vowel (–) and is also at the end of a word, it makes the "eye" sound. Drawing the "bean" around the vowel and the yud that follows helps us see this combination. Remember to read these vowels from right to left. **Exercise:** Trace the EE, AY and EYE beans below.

Special Rule:

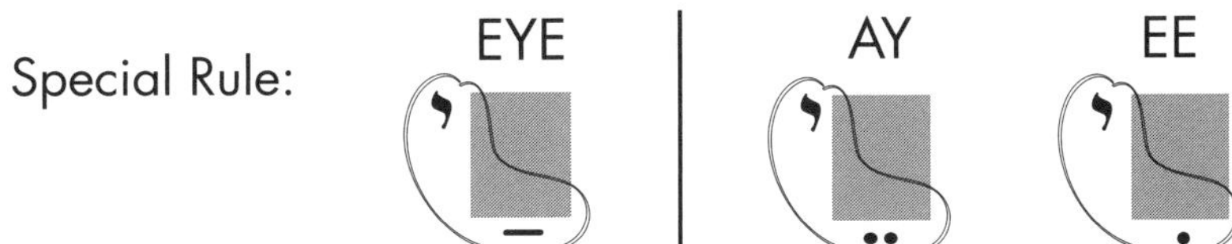

3. CHATAF VOWELS

1. Patach (–) and chataf patach (–:) make the same sound, the "ah" sound.
2. Segol (∵) and chataf segol (∵:) make the same sound, the "eh" sound.
3. Kamatz (┬) makes the "ah" sound, BUT, chataf kamatz (┬:) is special. It makes a soft "oh" sound.

Special Rule:

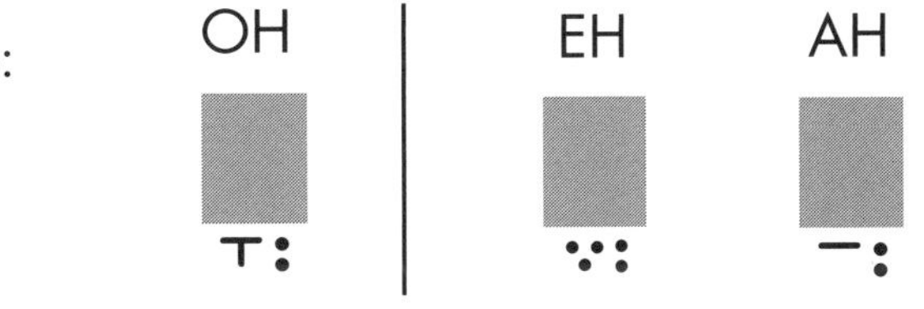

ch = ch as in challah

4. LETTERS WITH DOTS INSIDE

There are only six letters whose sound is affected by a dot or dagesh: bet (בּ), kaf (כּ), pay (פּ), shin (שׁ), sin (שׂ) and vav when it is a vowel (OH וֹ or OO וּ). You might see other letters with a dot or dagesh in the siddur, but the dagesh does not change the sound of these letters.

5. LETTERS THAT LOOK ALIKE

There are letters in the aleph bet that look similar and can be easily confused.

The clues to what makes each letter different are in its corners, curves, openings and closings.

Does the letter have a corner ב or a curve כ?

Is the opening on the top ט or the bottom מ?

Does the letter sit on the line or drop below it ר or ך?

Other confusing letters are: נג עצ סם יון רדך החת

See The Aleph Bet Story for more letter clues.

6. FINAL LETTERS (SOFEET LETTERS)

There are five final (sofeet) letters in the aleph bet. Sofeet letters appear only at the end of a word. All the sofeet letters drop below the line except for mem sofeet. The sofeet letters are: <u>ch</u>af sofeet (ך), mem sofeet (ם), nun sofeet (ן), fay sofeet (ף), and tzadi sofeet (ץ).

7. <u>CH</u>AF SOFEET ENDINGS

The <u>ch</u>af sofeet is read with its vowel and appears in the following forms. You will notice that these <u>ch</u>af sofeet endings appear frequently in the prayers.

<u>ch</u> = <u>ch</u> as in <u>ch</u>allah

8. "BEATS AND BASKETS"

Syllables

Hebrew words break down into syllables just as words do in English. Many times, one letter and the vowel beneath it form one syllable or beat. Several letters can also combine to create one syllable.

Shva

The shva vowel (**:**) is very important in forming syllables. It has two roles:

1. At the beginning of a word, the shva ("ih" sound) emphasizes the sound of the letter and forms one beat. This vowel is called *shva nah.*

2. Inside a word, the shva ends a beat. Blend the shva letter with the letter before it. Together, they make a beat. This vowel is called *shva nach*.

3. When double shva appears, the first shva ends a beat, the second shva is its own beat.

נַפְשְׁךָ בְּשִׁבְתְּךָ

'Beats and Baskets' is the handiest trick or skill you will learn. Make 'beats and baskets' (or loops) your first step when reading in Hebrew. You will quickly see that long words become a lot easier to read. Remember this trick when you start to get ready for your Bar or Bat Mitzvah. Now you try!

מִמֶּלֶךְ עוֹלָם תְּהִלָּה יוֹדוּךָ

9. GOD'S NAME

God's Name is not read the way it is written when it is spelled as YUD-YUD (יְיָ) or YUD-HEI-VAV-HEI (יְהוָֹה). These spellings are usually pronounced as Adonai. In addition, do not confuse these spellings of God's name with the word yud-hei-yud-hei (יִהְיֶה) which is a verb and means 'will be'. Books with God's name, including this one must be treated with respect and buried in a genizah rather than discarded. Ask your Rabbi or Cantor about God's name and the genizah.

10. THE 'CLEAR YOUR THROAT' SOUND

In Hebrew, there is no "ch" sound as in chair. The "ch" sound in Hebrew is the clear your throat sound that you say in the word challah. The three letters that make the clear your throat "ch" sound are chet (ח), chaf (כ) and chaf sofeet (ך). The "ch" is underlined to help you remember to make the clear your throat sound.

11. ACH SOUND

When the letter chet is the last letter of a word and has the patach vowel below it (חַ), it is read as "ach". It's not "cha". At the end of a word, it always makes the "ach" sound.

שָׂמֵחַ   רוּחַ   כֹּחַ

12. WHEN THE KAMATZ VOWEL IS READ AS THE SOFT "OH" SOUND

When you see the word כָּל , it is not read as "kal", it is read as "kol" with a soft "oh" sound. Other forms of כָּל that you will see are כָל , בְּכָל and וּבְכָל. Sometimes forms of the word קָדֵשׁ are also read as the "oh" sound. One example is קָדְשְׁךָ, read as "kohd-shih-cha".

13. Reading Skills Checklist

This checklist summarizes all of the skills you just reviewed. You will go through this checklist of reading skills for every prayer in this workbook. Make sure you are familiar with each skill. It will make reading easier. Have your pencil ready!

- ☐ ee beans ____
- ☐ ay beans ____
- ☐ eye beans ____
- ☐ words with יוֹ, יו ____
- ☐ shva at the beginning of the word ____
- ☐ shva in the middle of the word ____
- ☐ double shva ____
- ☐ chaf sofeet endings ____
- ☐ chataf vowels ____
- ☐ words with ach חַ ____
- ☐ כָּל, כָל, בְּכָל, וּבְכָל ____
- ☐ God's name ____

Reading Practice

Instructions: Below are words from the prayer. Repeat each line until the words are easy to read. Work individually or with a partner.

1. וַאֲנִי יַעֲקֹב יְיָ אֱלֹהִים הֵיכַל
2. אֹהָלֶיךָ מִשְׁכְּנֹתֶיךָ חַסְדְּךָ קָדְשְׁךָ*
3. בֵיתֶךָ אֶשְׁתַּחֲוֶה בְּיִרְאָתֶךָ בְּרָב*
4. וְאֶכְרָעָה אֶבְרְכָה יִשְׁעֶךָ כְּבוֹדֶךָ
5. בֶּאֱמֶת עֵת מְעוֹן מִשְׁכַּן תְּפִלָּתִי
6. רָצוֹן לִפְנֵי עֹשִׂי וַאֲנִי עֲנֵנִי

* Here the kamatz under koof and resh represents the soft "oh" sound.

Reading Skills Checklist

Instructions: Using the prayer on the next page, go through the checklist. Find examples of each skill. You can identify vowels with beans or circles. Letters or words can be circled or highlighted. Check off each skill as you go. How many examples of each skill did you find?

- ☐ ee beans ____
- ☐ ay beans ____
- ☐ eye beans ____
- ☐ words with יוֹ, יוּ ____
- ☐ shva at the beginning of the word ____
- ☐ shva in the middle of the word ____
- ☐ double shva ____
- ☐ chaf sofeet endings ____
- ☐ chataf vowels ____
- ☐ words with ach חַ ____
- ☐ כָּל, כָל, בְּכָל, וּבְכָל ____
- ☐ God's name ____

מַה טֹּבוּ

Instructions: Use the following steps to practice reading this prayer:
1) Read each line and put each beat in a basket.
2) Fill in the number of beats you find for each line.
3) Practice reading each line individually or with a partner.

Number of Beats		
______	מַה טֹּבוּ אֹהָלֶיךָ יַעֲקֹב,	1.
______	מִשְׁכְּנֹתֶיךָ יִשְׂרָאֵל.	2.
______	וַאֲנִי בְּרֹב חַסְדְּךָ אָבוֹא בֵיתֶךָ,	3.
______	אֶשְׁתַּחֲוֶה אֶל הֵיכַל קָדְשְׁךָ* בְּיִרְאָתֶךָ.	4.
______	יְיָ אָהַבְתִּי מְעוֹן בֵּיתֶךָ,	5.
______	וּמְקוֹם מִשְׁכַּן כְּבוֹדֶךָ.	6.
______	וַאֲנִי אֶשְׁתַּחֲוֶה וְאֶכְרָעָה,	7.
______	אֶבְרְכָה לִפְנֵי יְיָ עֹשִׂי.	8.
______	וַאֲנִי תְפִלָּתִי לְךָ יְיָ עֵת רָצוֹן.	9.
______	אֱלֹהִים, בְּרָב* חַסְדֶּךָ,	10.
______	עֲנֵנִי בֶּאֱמֶת יִשְׁעֶךָ.	11.

*Here the kamatz under koof and resh represents the soft "oh" sound.

Theme: How good it is to pray in Your sanctuary with the community.

Recognize and Understand

Below are key words from the prayer.
See your siddur for a full translation of this prayer.

.1	מַה	what	לִפְנֵי	before	חַסְדְּךָ	Your loving kindness
.2	יַעֲקֹב	Yaacov	יְיָ	God's name	בֵּיתֶךָ	Your house
.3	יִשְׂרָאֵל	Israel	אֱלֹהִים	God's name	קָדְשְׁךָ*	Your holiness
.4	וַאֲנִי	and I	בֶּאֱמֶת	truly, in truth	כְּבוֹדֶךָ	Your honor
.5	אָהַבְתִּי	I loved	תְּפִלָּתִי	my prayer		

* Here the kamatz under koof and resh represents the soft "oh" sound.

Phrases and Patterns

Below are some phrases and patterns from this prayer. Column one shows nouns with the ךָ ending. The ךָ is short for שֶׁלְּךָ. Both the ךָ and שֶׁלְּךָ, mean "your".

Phrases

.6 מַה טֹּבוּ אֹהָלֶיךָ — how good are your tents

Patterns

	Column 1	Column 2	
.7	אֹהָלֶיךָ	אֹהָלִים שֶׁלְּךָ	your tents (Israel's)
.8	חַסְדְּךָ	חֶסֶד שֶׁלְּךָ	Your loving kindness (God's)
.9	בֵּיתֶךָ	בַּיִת שֶׁלְּךָ	Your House (God's)
.10	קָדְשְׁךָ*	קֹדֶשׁ שֶׁלְּךָ	Your Holiness (God's)
.11	כְּבוֹדֶךָ	כָּבוֹד שֶׁלְּךָ	Your Honor (God's)

13 מַה טֹּבוּ

Read this page without mistakes.
Then learn the melody for this prayer and practice chanting it.

1. מַה טֹּבוּ אֹהָלֶיךָ יַעֲקֹב,
2. מִשְׁכְּנֹתֶיךָ יִשְׂרָאֵל.
3. וַאֲנִי בְּרֹב חַסְדְּךָ אָבוֹא בֵיתֶךָ,
4. אֶשְׁתַּחֲוֶה אֶל הֵיכַל קָדְשְׁךָ* בְּיִרְאָתֶךָ.
5. יְיָ, אָהַבְתִּי מְעוֹן בֵּיתֶךָ,
6. וּמְקוֹם מִשְׁכַּן כְּבוֹדֶךָ.
7. וַאֲנִי אֶשְׁתַּחֲוֶה וְאֶכְרָעָה,
8. אֶבְרְכָה לִפְנֵי יְיָ עֹשִׂי.
9. וַאֲנִי תְפִלָּתִי לְךָ, יְיָ, עֵת רָצוֹן.
10. אֱלֹהִים, בְּרָב* חַסְדֶּךָ,
11. עֲנֵנִי בֶּאֱמֶת יִשְׁעֶךָ.

* Here the kamatz under koof and resh represents the soft "oh" sound.

The message for me in this prayer is:

____

Reading Practice

Instructions: Below are words from the prayer. Repeat each line until the words are easy to read. Work individually or with a partner.

1. לָשֶׂכְוִי לָיְלָה הָעוֹלָם עִוְרִים מַתִּיר
2. מִצְעֲדֵי מַלְבִּישׁ כְּפוּפִים פּוֹקֵחַ הַנּוֹתֵן
3. מֵעֵינֵי כֹּחַ שֶׁעָשַׂנִי חוֹרִין שֶׁעָשַׂנִי
4. אוֹזֵר חוֹרִין בִּגְבוּרָה עוֹטֵר שֶׁעָשָׂה
5. מֵעַפְעַפָּי שֵׁנָה בְּצֶלֶם בְּצַלְמוֹ לַיָּעֵף
6. אוֹזֵר גָּבֶר הַמַּעֲבִיר עֲרֻמִּים אֲסוּרִים

Reading Skills Checklist

Reading Skills Checklist

Instructions: Using the prayer on the next page, go through the checklist. Find examples of each skill. You can identify vowels with beans or circles. Letters or words can be circled or highlighted. Check off each skill as you go. How many examples of each skill did you find?

- ☐ ee beans _____
- ☐ ay beans _____
- ☐ eye beans _____
- ☐ words with יָו, יו _____
- ☐ shva at the beginning of the word _____
- ☐ shva in the middle of the word _____
- ☐ double shva _____
- ☐ chaf sofeet endings _____
- ☐ chataf vowels _____
- ☐ words with ach חַ _____
- ☐ כָּל, כָל, בְּכָל, וּבְכָל _____
- ☐ God's name _____

The Reform title for this prayer is נִסִּים בְּכָל יוֹם.

Instructions: Use the following steps to practice reading this prayer:
1) Read each line and put each beat in a basket.
2) Fill in the number of beats you find for each line.
3) Practice reading each line individually or with a partner.

Number of Beats		
	בָּרוּךְ אַתָּה יְיָ אֱלֹהֵינוּ מֶלֶךְ הָעוֹלָם...	1.
______	אֲשֶׁר נָתַן לַשֶּׂכְוִי בִינָה לְהַבְחִין בֵּין יוֹם וּבֵין לָיְלָה.	2.
______	פּוֹקֵחַ עִוְרִים.	3.
______	מַתִּיר אֲסוּרִים.	4.
______	זוֹקֵף כְּפוּפִים.	5.
______	רוֹקַע הָאָרֶץ עַל הַמָּיִם.	6.
______	הַמֵּכִין מִצְעֲדֵי גָבֶר.	7.
______	מַלְבִּישׁ עֲרֻמִּים.	8.
______	הַנּוֹתֵן לַיָּעֵף כֹּחַ.	9.
______	הַמַּעֲבִיר שֵׁנָה מֵעֵינַי וּתְנוּמָה מֵעַפְעַפָּי.	10.
______	שֶׁעָשַׂנִי בְּצֶלֶם אֱלֹהִים.	11.
______	שֶׁעָשַׂנִי בֶּן / בַּת חוֹרִין.	12.
______	שֶׁעָשַׂנִי יִשְׂרָאֵל.	13.
______	אוֹזֵר יִשְׂרָאֵל בִּגְבוּרָה.	14.
______	עוֹטֵר יִשְׂרָאֵל בְּתִפְאָרָה.	15.

Theme: As we wake up in the morning, we praise God for all of our capabilities and the gifts of nature that God provides for us.

Recognize and Understand

Below are key words and phrases from the prayer. Additional words from the prayer have been added to the translation (in parentheses) to help clarify the meaning of each word or phrase.

English	Hebrew	#
Praised is God Who:		.1
gives me understanding	נָתַן בִּינָה	.2
(made me) in His image	בְּצֶלֶם אֱלֹהִים / בְּצַלְמוֹ	.3
(made me) Israel, a Jew	יִשְׂרָאֵל	.4
(made me) free m/f	בֶּן / בַּת חוֹרִין	.5
(helps the) blind	עִוְרִים	.6
(puts clothes on the) naked	עֲרֻמִּים	.7
(helps those who are) bound up	אֲסוּרִים	.8
(helps those who are) bent over	כְּפוּפִים	.9
(created) land - water	אֶרֶץ – מָיִם	.10
(provides for) all my needs	כָּל צָרְכִּי	.11
(guides) our steps	הַמֵּכִין מִצְעֲדֵי גָבֶר	.12
(protects Israel) with courage	בִּגְבוּרָה	.13
(crowns Israel) with glory	בְּתִפְאָרָה	.14
gives strength	הַנּוֹתֵן כֹּחַ	.15
(removes) sleep (from my eyes)	שֵׁנָה	.16

Read this page without mistakes.
Then learn the melody for this prayer and practice chanting it.

1. בָּרוּךְ אַתָּה יְיָ אֱלֹהֵינוּ מֶלֶךְ הָעוֹלָם...

2. אֲשֶׁר נָתַן לַשֶּׂכְוִי בִינָה לְהַבְחִין בֵּין יוֹם וּבֵין לָיְלָה.

3. שֶׁעָשַׂנִי בְּצַלְמוֹ.

4. שֶׁעָשַׂנִי יִשְׂרָאֵל.

5. שֶׁעָשַׂנִי בֶּן / בַּת חוֹרִין.

6. פּוֹקֵחַ עִוְרִים.

7. מַלְבִּישׁ עֲרֻמִּים.

8. מַתִּיר אֲסוּרִים.

9. זוֹקֵף כְּפוּפִים.

10. רוֹקַע הָאָרֶץ עַל הַמָּיִם.

11. שֶׁעָשָׂה לִי כָּל צָרְכִּי.

12. הַמֵּכִין מִצְעֲדֵי גָבֶר.

13. אוֹזֵר יִשְׂרָאֵל בִּגְבוּרָה.

14. עוֹטֵר יִשְׂרָאֵל בְּתִפְאָרָה.

15. הַנּוֹתֵן לַיָּעֵף כֹּחַ.

16. הַמַּעֲבִיר שֵׁנָה מֵעֵינַי וּתְנוּמָה מֵעַפְעַפָּי.

The message for me in this prayer is:

____

Let's get used to these Hebrew words

Reading Practice

Instructions: Below are words from the prayer. Repeat each line until the words are easy to read. Work individually or with a partner.

1. שְׁמַע שֵׁם לְעוֹלָם מַלְכוּתוֹ אֶחָד
2. יִשְׂרָאֵל כְּבוֹד וָעֶד אֱלֹהֵינוּ יְיָ
3. וְאָהַבְתָּ וְדִבַּרְתָּ וְהָיוּ בֵּין הַיּוֹם
4. בַּדֶּרֶךְ בְּכָל הַדְּבָרִים לְאוֹת מְזֻזוֹת
5. מְצַוְּךָ נַפְשְׁךָ לְבָבְךָ אָנֹכִי מְאֹדֶךָ
6. וְשִׁנַּנְתָּם וּקְשַׁרְתָּם וּכְתַבְתָּם לְטֹטָפֹת

Reading Skills Checklist

Instructions: Using the prayer on the next page, go through the checklist. Find examples of each skill. You can identify vowels with beans or circles. Letters or words can be circled or highlighted. Check off each skill as you go. How many examples of each skill did you find?

- ☐ ee beans ____
- ☐ ay beans ____
- ☐ eye beans ____
- ☐ words with יוֹ, יו ____
- ☐ shva at the beginning of the word ____
- ☐ shva in the middle of the word ____
- ☐ double shva ____
- ☐ chaf sofeet endings ____
- ☐ chataf vowels ____
- ☐ words with ach חַ ____
- ☐ כָּל, כָל, בְּכָל, וּבְכָל ____
- ☐ God's name ____

שְׁמַע / וְאָהַבְתָּ

Instructions: Use the following steps to practice reading this prayer:

1) Read each line and put each beat in a basket.
2) Fill in the number of beats you find for each line.
3) Practice reading each line individually or with a partner.

Number of Beats		
______	שְׁמַע יִשְׂרָאֵל, יְיָ אֱלֹהֵינוּ, יְיָ אֶחָד:	.1
______	בָּרוּךְ שֵׁם כְּבוֹד מַלְכוּתוֹ לְעוֹלָם וָעֶד.	.2
______	וְאָהַבְתָּ אֵת יְיָ אֱלֹהֶיךָ,	.3
______	בְּכָל לְבָבְךָ, וּבְכָל נַפְשְׁךָ, וּבְכָל מְאֹדֶךָ.	.4
______	וְהָיוּ הַדְּבָרִים הָאֵלֶּה,	.5
______	אֲשֶׁר אָנֹכִי מְצַוְּךָ הַיּוֹם, עַל לְבָבֶךָ:	.6
______	וְשִׁנַּנְתָּם לְבָנֶיךָ,	.7
______	וְדִבַּרְתָּ בָּם בְּשִׁבְתְּךָ בְּבֵיתֶךָ,	.8
______	וּבְלֶכְתְּךָ בַדֶּרֶךְ וּבְשָׁכְבְּךָ, וּבְקוּמֶךָ.	.9
______	וּקְשַׁרְתָּם לְאוֹת עַל יָדֶךָ,	.10
______	וְהָיוּ לְטֹטָפֹת בֵּין עֵינֶיךָ,	.11
______	וּכְתַבְתָּם עַל מְזֻזוֹת בֵּיתֶךָ וּבִשְׁעָרֶיךָ:	.12

Theme: Shema expresses our love for and belief in God.
We demonstrate our love by teaching our children, putting on tefillin, posting a mezuzah, and saying the Shema twice a day.

Recognize and Understand

Below are key words from the prayer. The second column shows the form of the word as it appears in the prayer. The third column shows the more basic form of the word.

	Column 1		Column 2			Column 3	
.1	שְׁמַע	hear	וְאָהַבְתָּ	you shall love	—	אָהַב	love
.2	אֶחָד	one	וְדִבַּרְתָּ	you shall speak	—	דַּבֵּר	speak
.3	כָּבוֹד	honor	הַדְּבָרִים	these words	—	דָּבָר	word, thing
.4	מְזֻזוֹת	doorposts	מַלְכוּתוֹ	His kingdom	—	מֶלֶךְ	king

Phrases and Patterns

Below are some phrases and patterns from this prayer. Column one shows nouns with the ךָ ending. The ךָ is short for שֶׁלְּךָ. Both the ךָ and שֶׁלְּךָ, mean "your".

Phrases

.5	שְׁמַע יִשְׂרָאֵל	Hear o'Israel	בֵּין עֵינֶיךָ	between your eyes
.6	לְעוֹלָם וָעֶד	for ever and ever	עַל מְזֻזוֹת בֵּיתֶךָ	on the doorposts of your house

Patterns

	Column 1	Column 2	
.7	אֱלֹהֶיךָ	אֱלֹהִים שֶׁלְּךָ	your God
.8	לְבָבְךָ	לֵב שֶׁלְּךָ	your heart
.9	נַפְשְׁךָ	נֶפֶשׁ שֶׁלְּךָ	your soul
.10	עֵינֶיךָ	עֵנַיִם שֶׁלְּךָ	your eyes
.11	מְאֹדְךָ	מְאֹד שֶׁלְּךָ	your strength, resources
.12	יָדְךָ	יָד שֶׁלְּךָ	your hand

שְׁמַע / וְאָהַבְתָּ

Read this page without mistakes.
Then learn the melody for this prayer and practice chanting it.

We cover our eyes when we recite the first line of the *shema*.

1. שְׁמַע יִשְׂרָאֵל, יְיָ אֱלֹהֵינוּ, יְיָ אֶחָד:
2. בָּרוּךְ שֵׁם כְּבוֹד מַלְכוּתוֹ לְעוֹלָם וָעֶד.

3. וְאָהַבְתָּ אֵת יְיָ אֱלֹהֶיךָ,
4. בְּכָל לְבָבְךָ, וּבְכָל נַפְשְׁךָ, וּבְכָל מְאֹדֶךָ.
5. וְהָיוּ הַדְּבָרִים הָאֵלֶּה,
6. אֲשֶׁר אָנֹכִי מְצַוְּךָ הַיּוֹם, עַל לְבָבֶךָ:
7. וְשִׁנַּנְתָּם לְבָנֶיךָ,
8. וְדִבַּרְתָּ בָּם בְּשִׁבְתְּךָ בְּבֵיתֶךָ,
9. וּבְלֶכְתְּךָ בַדֶּרֶךְ וּבְשָׁכְבְּךָ, וּבְקוּמֶךָ.
10. וּקְשַׁרְתָּם לְאוֹת עַל יָדֶךָ,
11. וְהָיוּ לְטֹטָפֹת בֵּין עֵינֶיךָ,
12. וּכְתַבְתָּם עַל מְזֻזוֹת בֵּיתֶךָ וּבִשְׁעָרֶיךָ:

The message for me in this prayer is:

____

Reading Practice

Instructions: Below are words from the prayer. Repeat each line until the words are easy to read. Work individually or with a partner.

1. בַּקֹּדֶשׁ כָּמֹכָה כָמֹכָה נוֹרָא נֶאְדָּר
2. עֹשֵׂה פֶלֶא וּפְדֵה צוּר שִׁירָה וּפְדֵה
3. שַׁבְּחוּ לְשִׁמְךָ הוֹדוּ יִמְלֹךְ צְבָאוֹת
4. קוּמָה גָּאַל גְּאוּלִים חֲדָשָׁה כִּנְאֻמֶךָ
5. שְׂפַת כֻּלָּם יַחַד יְהוּדָה בְּעֶזְרַת קָדוֹשׁ

Reading Skills Checklist

Instructions: Using the prayer on the next page, go through the checklist. Find examples of each skill. You can identify vowels with beans or circles. Letters or words can be circled or highlighted. Check off each skill as you go. How many examples of each skill did you find?

☐ ee beans ____	☐ shva at the beginning of the word ____	☐ chataf vowels ____
☐ ay beans ____	☐ shva in the middle of the word ____	☐ words with ach חַ ____
☐ eye beans ____	☐ double shva ____	☐ כָּל, כָל, בְּכָל, וּבְכָל ____
☐ words with יו, יו ____	☐ chaf sofeet endings ____	☐ God's name ____

מִי כָמֹכָה / צוּר יִשְׂרָאֵל

Instructions: Use the following steps to practice reading this prayer:
1) Read each line and put each beat in a basket.
2) Fill in the number of beats you find for each line.
3) Practice reading each line individually or with a partner.

Number of Beats		
______	מִי כָמֹכָה בָּאֵלִם יְיָ?	.1
______	מִי כָּמֹכָה, נֶאְדָּר בַּקֹּדֶשׁ,	.2
______	נוֹרָא תְהִלֹּת, עֹשֵׂה פֶלֶא?	.3
______	שִׁירָה חֲדָשָׁה שִׁבְּחוּ גְאוּלִים	.4
______	לְשִׁמְךָ עַל שְׂפַת הַיָּם.	.5
______	יַחַד כֻּלָּם הוֹדוּ וְהִמְלִיכוּ וְאָמְרוּ:	.6
______	יְיָ יִמְלֹךְ לְעֹלָם וָעֶד.	.7
______	צוּר יִשְׂרָאֵל,	.8
______	קוּמָה בְּעֶזְרַת יִשְׂרָאֵל,	.9
______	וּפְדֵה כִנְאֻמֶךָ יְהוּדָה וְיִשְׂרָאֵל.	.10
______	גֹּאֲלֵנוּ יְיָ צְבָאוֹת שְׁמוֹ,	.11
______	קְדוֹשׁ יִשְׂרָאֵל.	.12
______	בָּרוּךְ אַתָּה יְיָ גָּאַל יִשְׂרָאֵל:	.13

מִי כָמֹכָה / צוּר יִשְׂרָאֵל

Theme: God is unique and holy, performs wonders and saves Israel. Our belief in God includes the belief that He is our Redeemer just as He was when He redeemed us from Egypt.

Recognize and Understand

Below are key words from these prayers.
See your siddur for a full translation of this prayer.

.1	מִי	Who is	יְהוּדָה	Judah
.2	כָמֹכָה/ כָּמֹכָה	like You	יִשְׂרָאֵל	Israel
.3	גָּאַל	saves/redeems	גְּאָלָנוּ	saves us
.4	עֹשֵׂה	does, makes	פֶּלֶא	wonders (n)
.5	בַּקֹּדֶשׁ	in holiness	קְדוֹשׁ	Holy One of

Phrases and Patterns

Below are some phrases and/or patterns that appear in this prayer.
Learn their meaning to help you understand what you are reading.

Phrases

.6	מִי כָמֹכָה / כָּמֹכָה	Who is like You?
.7	עֹשֵׂה פֶלֶא	doing wonders
.8	צוּר יִשְׂרָאֵל	Rock of Israel
.9	יְהוּדָה וְיִשְׂרָאֵל	Judah and Israel
.10	קְדוֹשׁ יִשְׂרָאֵל	The Holy One of Israel
.11	גָּאַל יִשְׂרָאֵל	saves/redeems Israel

מִי כָמֹכָה / צוּר יִשְׂרָאֵל

Read this page without mistakes.
Then learn the melody for this prayer and practice chanting it.

1. מִי כָמֹכָה בָּאֵלִם יְיָ?
2. מִי כָּמֹכָה, נֶאְדָּר בַּקֹּדֶשׁ,
3. נוֹרָא תְהִלֹּת, עֹשֵׂה פֶלֶא?

4. שִׁירָה חֲדָשָׁה שִׁבְּחוּ גְאוּלִים
5. לְשִׁמְךָ עַל שְׂפַת הַיָּם.
6. יַחַד כֻּלָּם הוֹדוּ וְהִמְלִיכוּ וְאָמְרוּ:
7. יְיָ יִמְלֹךְ לְעֹלָם וָעֶד.

10. צוּר יִשְׂרָאֵל,
11. קוּמָה בְּעֶזְרַת יִשְׂרָאֵל,
12. וּפְדֵה כִנְאֻמֶךָ יְהוּדָה וְיִשְׂרָאֵל.
13. גֹּאֲלֵנוּ יְיָ צְבָאוֹת שְׁמוֹ,
14. קְדוֹשׁ יִשְׂרָאֵל.
15. בָּרוּךְ אַתָּה יְיָ גָּאַל יִשְׂרָאֵל:

The message for me in this prayer is:

____

Let's get used to these Hebrew words

Reading Practice

Instructions: Below are words from the prayer. Repeat each line until the words are easy to read. Work individually or with a partner.

1. אֱלֹהֵי אַבְרָהָם יִצְחָק יַעֲקֹב אָבוֹת אִמָּהוֹת
2. הַגָּדוֹל הַגִּבּוֹר עֶלְיוֹן גּוֹאֵל גְּאֻלָּה פּוֹקֵד
3. וְהַנּוֹרָא חֲסָדִים חַסְדֵי וְזוֹכֵר עוֹזֵר גּוֹמֵל
4. וּמֵבִיא לְמַעַן נֶאֱמָן רוֹפֵא חוֹלִים
5. מְחַיֵּה מֵתִים מְכַלְכֵּל וּמְקַיֵּם סוֹמֵךְ
6. לְהוֹשִׁיעַ וּמוֹשִׁיעַ חוֹלִים אֲסוּרִים אִמּוֹתֵינוּ

Reading Skills Checklist

Reading Skills Checklist

Instructions: Using the prayer on the next page, go through the checklist. Find examples of each skill. You can identify vowels with beans or circles. Letters or words can be circled or highlighted. Check off each skill as you go. How many examples of each skill did you find?

- ☐ ee beans ____
- ☐ ay beans ____
- ☐ eye beans ____
- ☐ words with יוֹ, יוּ ____
- ☐ shva at the beginning of the word ____
- ☐ shva in the middle of the word ____
- ☐ double shva ____
- ☐ chaf sofeet endings ____
- ☐ chataf vowels ____
- ☐ words with ach חַ ____
- ☐ כָּל, כָּל, בְּכָל, וּבְכָל ____
- ☐ God's name ____

עֲמִידָה: אָבוֹת וְאִמָּהוֹת / גְּבוּרוֹת Reform

Instructions: Use the following steps to practice reading this prayer:
1) Read each line and put each beat in a basket.
2) Fill in the number of beats you find for each line.

Number of Beats		
	אֲדֹנָי שְׂפָתַי תִּפְתָּח וּפִי יַגִּיד תְּהִלָּתֶךָ:	1.
______	בָּרוּךְ אַתָּה יְיָ אֱלֹהֵינוּ וֵאלֹהֵי אֲבוֹתֵינוּ וְאִמּוֹתֵינוּ,	2.
______	אֱלֹהֵי אַבְרָהָם, אֱלֹהֵי יִצְחָק, וֵאלֹהֵי יַעֲקֹב,	3.
______	אֱלֹהֵי שָׂרָה, אֱלֹהֵי רִבְקָה, אֱלֹהֵי רָחֵל, וֵאלֹהֵי לֵאָה.	4.
______	הָאֵל הַגָּדוֹל הַגִּבּוֹר וְהַנּוֹרָא, אֵל עֶלְיוֹן,	5.
______	גּוֹמֵל חֲסָדִים טוֹבִים, וְקוֹנֵה הַכֹּל,	6.
______	וְזוֹכֵר חַסְדֵי אָבוֹת וְאִמָּהוֹת,	7.
______	וּמֵבִיא גְאֻלָּה לִבְנֵי בְנֵיהֶם לְמַעַן שְׁמוֹ בְּאַהֲבָה.	8.
______	מֶלֶךְ עוֹזֵר וּמוֹשִׁיעַ וּמָגֵן.	9.
______	בָּרוּךְ אַתָּה יְיָ מָגֵן אַבְרָהָם וְעֶזְרַת שָׂרָה.	10.
______	בָּרוּךְ אַתָּה יְיָ פּוֹקֵד שָׂרָה וּמָגֵן אַבְרָהָם.	11.
______	אַתָּה גִּבּוֹר לְעוֹלָם אֲדֹנָי, מְחַיֵּה הַכֹּל (מֵתִים) אַתָּה, רַב לְהוֹשִׁיעַ.	12.
______	winter: מַשִּׁיב הָרוּחַ וּמוֹרִיד הַגָּשֶׁם. summer: מוֹרִיד הַטָּל.	13.
______	מְכַלְכֵּל חַיִּים בְּחֶסֶד,	14.
______	מְחַיֵּה הַכֹּל (מֵתִים) בְּרַחֲמִים רַבִּים,	15.
______	סוֹמֵךְ נוֹפְלִים, וְרוֹפֵא חוֹלִים, וּמַתִּיר אֲסוּרִים,	16.
______	וּמְקַיֵּם אֱמוּנָתוֹ לִישֵׁנֵי עָפָר,	17.
______	מִי כָמוֹךָ בַּעַל גְּבוּרוֹת וּמִי דוֹמֶה לָּךְ,	18.
______	מֶלֶךְ מֵמִית וּמְחַיֶּה וּמַצְמִיחַ יְשׁוּעָה.	19.
______	וְנֶאֱמָן אַתָּה לְהַחֲיוֹת הַכֹּל (מֵתִים).	20.
______	בָּרוּךְ אַתָּה יְיָ מְחַיֵּה הַכֹּל (הַמֵּתִים).	21.
______	בָּרוּךְ אַתָּה יְיָ, נוֹטֵעַ בְּתוֹכֵנוּ חַיֵּי עוֹלָם.	22.

עֲמִידָה: אָבוֹת וְאִמָּהוֹת / גְּבוּרוֹת

Theme: This is the opening section of the Amidah before Kedushah.
We address God, recall our ancestors, and describe God's power and deeds.

Recognize and Understand

Below are key words from the prayer.
See your siddur for a full translation of this prayer.

1.	גָּדוֹל	big	טוֹבִים	good (pl)
2.	גִּבּוֹר	Hero	מֶלֶךְ	King
3.	לְהוֹשִׁיעַ	to save	מוֹשִׁיעַ	saves
4.	חֲסָדִים	kind deeds/acts	בְּאַהֲבָה	with love
5.	זוֹכֵר	remembers	מָגֵן	protects

Phrases and Patterns

Below are some phrases and/or patterns that appear in this prayer.
Learn their meaning to help you understand what you are reading.

Phrases

6. אֵל עֶלְיוֹן — God exalted

7. הָאֵל הַגָּדוֹל הַגִּבּוֹר וְהַנּוֹרָא — God is great, mighty, and awesome

8. גּוֹמֵל חֲסָדִים טוֹבִים — bestowing goodness

9. וְזוֹכֵר חַסְדֵי אָבוֹת וְאִמָּהוֹת — (God Who) remembers the kind deeds of our ancestors (forefathers and mothers)

Patterns

10. אֱלֹהֵי אַבְרָהָם, אֱלֹהֵי יִצְחָק, וֵאלֹהֵי יַעֲקֹב

God of Avraham, God of Yitzchak and God of Yaakov

11. אֱלֹהֵי שָׂרָה, אֱלֹהֵי רִבְקָה, אֱלֹהֵי רָחֵל, וֵאלֹהֵי לֵאָה

God of Sarah, God of Rivka, God of Rachel, and God of Leah

עֲמִידָה: אָבוֹת וְאִמָּהוֹת / גְּבוּרוֹת Conservative

Read this page without mistakes.
Then learn the melody for this prayer and practice chanting it.

1. אֲדֹנָי שְׂפָתַי תִּפְתָּח וּפִי יַגִּיד תְּהִלָּתֶךָ:

When we say the blessing on lines two and ten:

1. We bend our knees on *baruch*.

2. We bow on *ata*.

3. We stand up before we say God's name.

2. בָּרוּךְ אַתָּה יְיָ אֱלֹהֵינוּ וֵאלֹהֵי אֲבוֹתֵינוּ,
3. אֱלֹהֵי אַבְרָהָם, אֱלֹהֵי יִצְחָק, וֵאלֹהֵי יַעֲקֹב,
4. אֱלֹהֵי שָׂרָה, אֱלֹהֵי רִבְקָה, אֱלֹהֵי רָחֵל, וֵאלֹהֵי לֵאָה,
5. הָאֵל הַגָּדוֹל הַגִּבּוֹר וְהַנּוֹרָא, אֵל עֶלְיוֹן,
6. גּוֹמֵל חֲסָדִים טוֹבִים, וְקוֹנֵה הַכֹּל,
7. וְזוֹכֵר חַסְדֵי אָבוֹת,
8. וּמֵבִיא גּוֹאֵל לִבְנֵי בְנֵיהֶם לְמַעַן שְׁמוֹ בְּאַהֲבָה.

9. מֶלֶךְ עוֹזֵר וּפוֹקֵד וּמוֹשִׁיעַ וּמָגֵן.
10. בָּרוּךְ אַתָּה יְיָ מָגֵן אַבְרָהָם וּפֹקֵד שָׂרָה.

11. אַתָּה גִּבּוֹר לְעוֹלָם אֲדֹנָי,
12. מְחַיֵּה מֵתִים אַתָּה, רַב לְהוֹשִׁיעַ.

winter / summer

13. מַשִּׁיב הָרוּחַ וּמוֹרִיד הַגָּשֶׁם. מוֹרִיד הַטָּל.
14. מְכַלְכֵּל חַיִּים בְּחֶסֶד,
15. מְחַיֵּה מֵתִים בְּרַחֲמִים רַבִּים,
16. סוֹמֵךְ נוֹפְלִים, וְרוֹפֵא חוֹלִים, וּמַתִּיר אֲסוּרִים,
17. וּמְקַיֵּם אֱמוּנָתוֹ לִישֵׁנֵי עָפָר,
18. מִי כָמוֹךָ בַּעַל גְּבוּרוֹת וּמִי דּוֹמֶה לָּךְ,
19. מֶלֶךְ מֵמִית וּמְחַיֶּה וּמַצְמִיחַ יְשׁוּעָה.

20. וְנֶאֱמָן אַתָּה לְהַחֲיוֹת מֵתִים. בָּרוּךְ אַתָּה יְיָ מְחַיֵּה הַמֵּתִים.

The message for me in this prayer is:

____

Reading Practice

Instructions: Below are words from the prayer. Repeat each line until the words are easy to read. Work individually or with a partner.

1. שָׁלוֹם וְאַהֲבַת טוֹבָה וְטוֹב וָחֶסֶד
2. עָלֵינוּ יִשְׂרָאֵל לְבָרֵךְ וּבְרָכָה
3. לְבָרֵךְ בְּאוֹר חֵן כְּאֶחָד כִּי
4. בָּרְכֵנוּ אָבִינוּ אֱלֹהֵינוּ כֻלָּנוּ יוֹצְרֵנוּ
5. בְּעֵינֶיךָ עַמְּךָ בִּשְׁלוֹמֶךָ פָּנֶיךָ
6. תּוֹרַת חַיִּים וְרַחֲמִים וּצְדָקָה

Reading Skills Checklist

Reading Skills Checklist

Instructions: Using the prayer on the next page, go through the checklist. Find examples of each skill. You can identify vowels with beans or circles. Letters or words can be circled or highlighted. Check off each skill as you go. How many examples of each skill did you find?

- ☐ ee beans ____
- ☐ ay beans ____
- ☐ eye beans ____
- ☐ words with יָו, יו ____
- ☐ shva at the beginning of the word ____
- ☐ shva in the middle of the word ____
- ☐ double shva ____
- ☐ chaf sofeet endings ____
- ☐ chataf vowels ____
- ☐ words with ach חַ ____
- ☐ כָּל, כָל, בְּכָל, וּבְכָל ____
- ☐ God's name ____

שִׂים שָׁלוֹם Reform

Instructions: Use the following steps to practice reading this prayer:
1) Read each line and put each beat in a basket.
2) Fill in the number of beats you find for each line.
3) Practice reading each line individually or with a partner.

Number of Beats		
______	שִׂים שָׁלוֹם טוֹבָה וּבְרָכָה,	1.
______	חֵן וָחֶסֶד וְרַחֲמִים,	2.
______	עָלֵינוּ וְעַל כָּל יִשְׂרָאֵל עַמֶּךָ.	3.
______	בָּרְכֵנוּ, יוֹצְרֵנוּ, כֻּלָּנוּ כְּאֶחָד בְּאוֹר פָּנֶיךָ,	4.
______	כִּי בְאוֹר פָּנֶיךָ נָתַתָּ לָּנוּ,	5.
______	יְיָ אֱלֹהֵינוּ,	6.
______	תּוֹרַת חַיִּים וְאַהֲבַת חֶסֶד,	7.
______	וּצְדָקָה וּבְרָכָה וְרַחֲמִים וְחַיִּים וְשָׁלוֹם,	8.
______	וְטוֹב בְּעֵינֶיךָ לְבָרֵךְ אֶת עַמְּךָ יִשְׂרָאֵל	9.
______	בְּכָל עֵת וּבְכָל שָׁעָה בִּשְׁלוֹמֶךָ.	10.
______	בָּרוּךְ אַתָּה יְיָ,	11.
______	הַמְבָרֵךְ אֶת עַמּוֹ יִשְׂרָאֵל בַּשָּׁלוֹם.	12.

Theme: We ask God to bless us and the entire Jewish people with a life of goodness, blessing and peace. Peace can be found by following the principles in the Torah.

Recognize and Understand

Below are key words from the prayer.
See your siddur for a full translation of this prayer.

.1	וְטוֹב	and good	וְחַיִּים	and life	וְרַחֲמִים	and mercy
.2	וְחֶסֶד	and loving kindness	וּבְרָכָה	and blessing	וּצְדָקָה	and righteousness
.3	כְּאֶחָד	as One	בָּאוֹר/בְּאוֹר	with light	יִשְׂרָאֵל	Israel

Phrases and Patterns

Below are some phrases and/or patterns that appear in this prayer.
Learn their meaning to help you understand what you are reading.

Phrases

.4	שִׂים שָׁלוֹם	Give us peace
.5	טוֹבָה וּבְרָכָה	good and blessing
.6	תּוֹרַת חַיִּים	Torah of life
.7	בְּכָל עֵת וּבְכָל שָׁעָה	in every moment and every hour

Patterns

In these words, note the נוּ ending which means "our" or "us" and the ךָ ending which means "your" (m, sing).

.8	אָבִינוּ כֻּלָּנוּ יוֹצְרֵנוּ עָלֵינוּ	our Father, all of us, our Creator, upon us
.9	עַמְּךָ בְּעֵינֶיךָ פָּנֶיךָ בִּשְׁלוֹמֶךָ	Your People, in Your Eyes, Your Face, with Your Peace

שִׂים שָׁלוֹם Conservative

Read this page without mistakes.
Then learn the melody for this prayer and practice chanting it.

1. שִׂים שָׁלוֹם בָּעוֹלָם טוֹבָה וּבְרָכָה,
2. חֵן וָחֶסֶד וְרַחֲמִים,
3. עָלֵינוּ וְעַל כָּל יִשְׂרָאֵל עַמֶּךָ.
4. בָּרְכֵנוּ, אָבִינוּ, כֻּלָּנוּ כְּאֶחָד בְּאוֹר פָּנֶיךָ,
5. כִּי בְאוֹר פָּנֶיךָ נָתַתָּ לָּנוּ,
6. יְיָ אֱלֹהֵינוּ,
7. תּוֹרַת חַיִּים וְאַהֲבַת חֶסֶד,
8. וּצְדָקָה וּבְרָכָה וְרַחֲמִים וְחַיִּים וְשָׁלוֹם,
9. וְטוֹב בְּעֵינֶיךָ לְבָרֵךְ אֶת עַמְּךָ יִשְׂרָאֵל
10. בְּכָל עֵת וּבְכָל שָׁעָה בִּשְׁלוֹמֶךָ.
11. בָּרוּךְ אַתָּה יְיָ,
12. הַמְבָרֵךְ אֶת עַמּוֹ יִשְׂרָאֵל בַּשָּׁלוֹם.

The message for me in this prayer is:

____

Reading Practice

Instructions: Below are words from the prayer. Repeat each line until the words are easy to read. Work individually or with a partner.

1. בָּרְכוּ הַמְּבֹרָךְ לְעוֹלָם וָעֶד
2. בָּחַר בָּנוּ מִכָּל הָעַמִּים
3. וְנָתַן לָנוּ אֶת תּוֹרָתוֹ
4. נוֹתֵן הַתּוֹרָה
5. נָתַן לָנוּ תּוֹרַת אֱמֶת
6. וְחַיֵּי עוֹלָם נָטַע בְּתוֹכֵנוּ

Reading Skills Checklist

Reading Skills Checklist

Instructions: Using the prayer on the next page, go through the checklist. Find examples of each skill. You can identify vowels with beans or circles. Letters or words can be circled or highlighted. Check off each skill as you go. How many examples of each skill did you find?

- ☐ ee beans ____
- ☐ ay beans ____
- ☐ eye beans ____
- ☐ words with יוֹ, יוּ ____
- ☐ shva at the beginning of the word ____
- ☐ shva in the middle of the word ____
- ☐ double shva ____
- ☐ chaf sofeet endings ____
- ☐ chataf vowels ____
- ☐ words with ach חַ ____
- ☐ כָּל, כָל, בְּכָל, וּבְכָל ____
- ☐ God's name ____

בִּרְכוֹת הַתּוֹרָה

Instructions: Use the following steps to practice reading this prayer:

1) Read each line and put each beat in a basket.
2) Fill in the number of beats you find for each line.
3) Practice reading each line individually or with a partner.

Number of Beats		
______	בָּרְכוּ אֶת יְיָ הַמְבֹרָךְ:	1.
______	בָּרוּךְ יְיָ הַמְבֹרָךְ לְעוֹלָם וָעֶד:	2.
______	בָּרוּךְ אַתָּה יְיָ אֱלֹהֵינוּ מֶלֶךְ הָעוֹלָם	3.
______	אֲשֶׁר בָּחַר בָּנוּ מִכָּל הָעַמִּים	4.
______	וְנָתַן לָנוּ אֶת תּוֹרָתוֹ:	5.
______	בָּרוּךְ אַתָּה יְיָ, נוֹתֵן הַתּוֹרָה.	6.
______	בָּרוּךְ אַתָּה יְיָ אֱלֹהֵינוּ מֶלֶךְ הָעוֹלָם	7.
______	אֲשֶׁר נָתַן לָנוּ תּוֹרַת אֱמֶת	8.
______	וְחַיֵּי עוֹלָם נָטַע בְּתוֹכֵנוּ:	9.
______	בָּרוּךְ אַתָּה יְיָ, נוֹתֵן הַתּוֹרָה.	10.

Theme: In these blessings, we thank God for giving us the Torah.

Recognize and Understand

Below are key words from the prayer.
See your siddur for a full translation of this prayer.

1. בָּרְכוּ praise, bless — הַמְבֹרָךְ The Blessed One
2. הָעַמִּים the nations — תּוֹרָתוֹ His Torah
3. מֶלֶךְ King — אֱמֶת truth

Phrases and Patterns

Below are some phrases and/or patterns that appear in this prayer.
Learn their meaning to help you understand what you are reading.

Phrases

4. בָּחַר בָּנוּ (God) chose us
5. נָתַן לָנוּ (God) gave us
6. תּוֹרַת אֱמֶת Torah of Truth
7. לְעוֹלָם וָעֶד forever and ever
8. נָטַע – נָטַע בְּתוֹכֵנוּ planted - planted in us (His Torah)
9. נוֹתֵן הַתּוֹרָה (God) gives the Torah

בִּרְכוֹת הַתּוֹרָה

Read this page without mistakes.
Then learn the melody for this prayer and practice chanting it.

Leader:

1. בָּרְכוּ אֶת יְיָ הַמְבֹרָךְ:

Leader then Congregation Repeats:

2. בָּרוּךְ יְיָ הַמְבֹרָךְ לְעוֹלָם וָעֶד:

Leader Continues:

3. בָּרוּךְ אַתָּה יְיָ אֱלֹהֵינוּ מֶלֶךְ הָעוֹלָם
4. אֲשֶׁר בָּחַר בָּנוּ מִכָּל הָעַמִּים
5. וְנָתַן לָנוּ אֶת תּוֹרָתוֹ:
6. בָּרוּךְ אַתָּה יְיָ, נוֹתֵן הַתּוֹרָה.

Torah is read.

Leader Concludes:

7. בָּרוּךְ אַתָּה יְיָ אֱלֹהֵינוּ מֶלֶךְ הָעוֹלָם
8. אֲשֶׁר נָתַן לָנוּ תּוֹרַת אֱמֶת
9. וְחַיֵּי עוֹלָם נָטַע בְּתוֹכֵנוּ:
10. בָּרוּךְ אַתָּה יְיָ, נוֹתֵן הַתּוֹרָה.

The message for me in this prayer is:

____

Reading Practice

Instructions: Below are words from the prayer. Repeat each line until the words are easy to read. Work individually or with a partner.

1. כֵּאלֹהֵינוּ מִי הוּא לְפָנֶיךָ
2. מוֹשִׁיעֵנוּ כְּמַלְכֵּנוּ אֲבוֹתֵינוּ נוֹדֶה
3. לְפָנֶיךָ קְטֹרֶת אֲדוֹנֵינוּ אַתָּה
4. אֵין מַלְכֵּנוּ בָּרוּךְ אֱלֹהֵינוּ

Reading Skills Checklist

Reading Skills Checklist

Instructions: Using the prayer on the next page, go through the checklist. Find examples of each skill. You can identify vowels with beans or circles. Letters or words can be circled or highlighted. Check off each skill as you go. How many examples of each skill did you find?

- ☐ ee beans ____
- ☐ ay beans ____
- ☐ eye beans ____
- ☐ words with יוֹ, יָו ____
- ☐ shva at the beginning of the word ____
- ☐ shva in the middle of the word ____
- ☐ double shva ____
- ☐ chaf sofeet endings ____
- ☐ chataf vowels ____
- ☐ words with ach חַ ____
- ☐ כָּל, כָל, בְּכָל, וּבְכָל ____
- ☐ God's name ____

אֵין כֵּאלֹהֵינוּ

Instructions: Use the following steps to practice reading this prayer:

1) Read each line and put each beat in a basket.
2) Fill in the number of beats you find for each line.
3) Practice reading each line individually or with a partner.

Number of Beats		
_______	אֵין כֵּאלֹהֵינוּ, אֵין כַּאדוֹנֵינוּ,	1.
_______	אֵין כְּמַלְכֵּנוּ, אֵין כְּמוֹשִׁיעֵנוּ.	2.
_______	מִי כֵאלֹהֵינוּ, מִי כַאדוֹנֵינוּ,	3.
_______	מִי כְמַלְכֵּנוּ, מִי כְמוֹשִׁיעֵנוּ.	4.
_______	נוֹדֶה לֵאלֹהֵינוּ, נוֹדֶה לַאדוֹנֵינוּ,	5.
_______	נוֹדֶה לְמַלְכֵּנוּ, נוֹדֶה לְמוֹשִׁיעֵנוּ.	6.
_______	בָּרוּךְ אֱלֹהֵינוּ, בָּרוּךְ אֲדוֹנֵינוּ,	7.
_______	בָּרוּךְ מַלְכֵּנוּ, בָּרוּךְ מוֹשִׁיעֵנוּ.	8.
_______	אַתָּה הוּא אֱלֹהֵינוּ, אַתָּה הוּא אֲדוֹנֵינוּ,	9.
_______	אַתָּה הוּא מַלְכֵּנוּ, אַתָּה הוּא מוֹשִׁיעֵנוּ.	10.
_______	אַתָּה הוּא שֶׁהִקְטִירוּ אֲבוֹתֵינוּ	11.
_______	לְפָנֶיךָ אֶת קְטֹרֶת הַסַּמִּים.	12.

Theme: In this prayer we celebrate the many ways we experience God as our leader.

Recognize and Understand

Below are key words from the prayer.
See your siddur for a full translation of this prayer.

1.	אֵין כְּ	There is no one like	בָּרוּךְ	Blessed/Praised
2.	מִי כְּ	Who is like	אַתָּה	You (m)
3.	נוֹדֶה לְ	Let us give thanks to	הוּא	He

Phrases and Patterns

Below are some phrases and patterns from this prayer. Column one shows nouns with the נוּ ending. The נוּ is short for שֶׁלָּנוּ. Both נוּ and שֶׁלָּנוּ, mean "our".

	Column 1	Column 2	
4.	אֱלֹהֵינוּ	אֱלֹהִים שֶׁלָּנוּ	our God
5.	אֲדוֹנֵינוּ	אָדוֹן שֶׁלָּנוּ	our Master
6.	מַלְכֵּנוּ	מֶלֶךְ שֶׁלָּנוּ	our King
7.	מוֹשִׁיעֵנוּ	מוֹשִׁיעַ שֶׁלָּנוּ	our Savior

אֵין כֵּאלֹהֵינוּ

Read this page without mistakes.
Then learn the melody for this prayer and practice chanting it.

1. אֵין כֵּאלֹהֵינוּ, אֵין כַּאדוֹנֵינוּ,
2. אֵין כְּמַלְכֵּנוּ, אֵין כְּמוֹשִׁיעֵנוּ.

3. מִי כֵאלֹהֵינוּ, מִי כַאדוֹנֵינוּ,
4. מִי כְמַלְכֵּנוּ, מִי כְמוֹשִׁיעֵנוּ.

5. נוֹדֶה לֵאלֹהֵינוּ, נוֹדֶה לַאדוֹנֵינוּ,
6. נוֹדֶה לְמַלְכֵּנוּ, נוֹדֶה לְמוֹשִׁיעֵנוּ.

7. בָּרוּךְ אֱלֹהֵינוּ, בָּרוּךְ אֲדוֹנֵינוּ,
8. בָּרוּךְ מַלְכֵּנוּ, בָּרוּךְ מוֹשִׁיעֵנוּ.

9. אַתָּה הוּא אֱלֹהֵינוּ, אַתָּה הוּא אֲדוֹנֵינוּ,
10. אַתָּה הוּא מַלְכֵּנוּ, אַתָּה הוּא מוֹשִׁיעֵנוּ.

11. אַתָּה הוּא שֶׁהִקְטִירוּ אֲבוֹתֵינוּ
12. לְפָנֶיךָ אֶת קְטֹרֶת הַסַּמִּים.

The message for me in this prayer is:

____

Let's get used to these Hebrew words

Reading Practice

Instructions: Below are words from the prayer. Repeat each line until the words are easy to read. Work individually or with a partner.

1. עָלֵינוּ עָשָׂנוּ לָתֵת לְיוֹצֵר לְשַׁבֵּחַ
2. חֶלְקֵנוּ אֲנַחְנוּ חֶלְקֵנוּ וְגֹרָלֵנוּ שָׂמָנוּ
3. שֶׁלֹּא שָׂם הַכֹּל מַלְכֵי הַמְּלָכִים כָּהֶם
4. הָאֲרָצוֹת לַאֲדוֹן וַאֲנַחְנוּ מִשְׁתַּחֲוִים
5. כּוֹרְעִים וּשְׁמוֹ וּמוֹדִים מֶלֶךְ
6. הָאָרֶץ הַהוּא וְנֶאֱמַר וְהָיָה יִהְיֶה

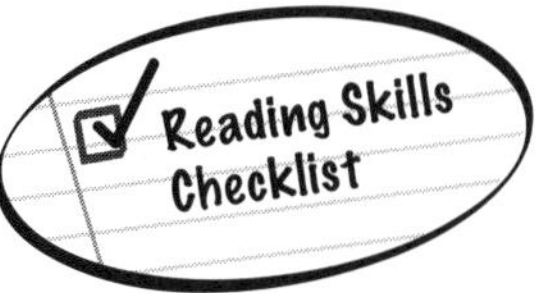

Reading Skills Checklist

Instructions: Using the prayer on the next page, go through the checklist. Find examples of each skill. You can identify vowels with beans or circles. Letters or words can be circled or highlighted. Check off each skill as you go. How many examples of each skill did you find?

- ☐ ee beans ____
- ☐ ay beans ____
- ☐ eye beans ____
- ☐ words with יו, יָו ____
- ☐ shva at the beginning of the word ____
- ☐ shva in the middle of the word ____
- ☐ double shva ____
- ☐ chaf sofeet endings ____
- ☐ chataf vowels ____
- ☐ words with ach חַ ____
- ☐ כָּל, כָל, בְּכָל, וּבְכָל ____
- ☐ God's name ____

עָלֵינוּ

Instructions: Use the following steps to practice reading this prayer:

1) Read each line and put each beat in a basket.
2) Fill in the number of beats you find for each line.
3) Practice reading each line individually or with a partner.

Number of Beats		
______	עָלֵינוּ לְשַׁבֵּחַ לַאֲדוֹן הַכֹּל,	1.
______	לָתֵת גְּדֻלָּה לְיוֹצֵר בְּרֵאשִׁית,	2.
______	שֶׁלֹּא עָשָׂנוּ כְּגוֹיֵי הָאֲרָצוֹת,	3.
______	וְלֹא שָׂמָנוּ כְּמִשְׁפְּחוֹת הָאֲדָמָה,	4.
______	שֶׁלֹּא שָׂם חֶלְקֵנוּ כָּהֶם,	5.
______	וְגֹרָלֵנוּ כְּכָל הֲמוֹנָם	6.
______	וַאֲנַחְנוּ כּוֹרְעִים	7.
______	וּמִשְׁתַּחֲוִים וּמוֹדִים,	8.
______	לִפְנֵי מֶלֶךְ, מַלְכֵי הַמְּלָכִים,	9.
______	הַקָּדוֹשׁ בָּרוּךְ הוּא.	10.

(This is the last sentence at the end of the second paragraph.)

______	וְנֶאֱמַר, וְהָיָה יְיָ לְמֶלֶךְ עַל כָּל הָאָרֶץ,	11.
______	בַּיּוֹם הַהוּא יִהְיֶה יְיָ אֶחָד, וּשְׁמוֹ אֶחָד:	12.

Theme: As we conclude our prayers, we reaffirm our faith in God and praise him for all the things he has done for us.

Recognize and Understand

Below are key words from this prayer.
See your siddur for a full translation of this prayer.

.1	עָלֵינוּ	it is upon us	וּשְׁמוֹ	and His Name	מֶלֶךְ	King
.2	לְשַׁבֵּחַ	to praise	בְּרֵאשִׁית	in the beginning	הָאָרֶץ	the earth
.3	לַאֲדוֹן	to the Master	לִפְנֵי	before	בַּיּוֹם	on that day
.4	הַכֹּל	of all				

Phrases and Patterns

Below are some phrases and/or patterns that appear in this prayer.
Learn their meaning to help you understand what you are reading.

Phrases

.5 לַאֲדוֹן הַכֹּל — to the Master of all

.6 מַלְכֵי הַמְּלָכִים — King of Kings

.7 הַקָּדוֹשׁ בָּרוּךְ הוּא — the Holy One, He is Blessed

Patterns

Note that the נוּ ending in these pronouns means "us" or "we".

.8 עָלֵינוּ — it is upon us

.9 אֲנַחְנוּ — we

Note the נוּ ending in these nouns means "our".

.10 חֶלְקֵנוּ — our part

.11 גּוֹרָלֵנוּ — our fate

עָלֵינוּ

Read this page without mistakes.
Then learn the melody for this prayer and practice chanting it.

1. עָלֵינוּ לְשַׁבֵּחַ לַאֲדוֹן הַכֹּל,
2. לָתֵת גְּדֻלָּה לְיוֹצֵר בְּרֵאשִׁית,
3. שֶׁלֹּא עָשָׂנוּ כְּגוֹיֵי הָאֲרָצוֹת,
4. וְלֹא שָׂמָנוּ כְּמִשְׁפְּחוֹת הָאֲדָמָה,
5. שֶׁלֹּא שָׂם חֶלְקֵנוּ כָּהֶם,
6. וְגֹרָלֵנוּ כְּכָל הֲמוֹנָם

7. וַאֲנַחְנוּ כּוֹרְעִים
8. וּמִשְׁתַּחֲוִים וּמוֹדִים,
9. לִפְנֵי מֶלֶךְ, מַלְכֵי הַמְּלָכִים,
10. הַקָּדוֹשׁ בָּרוּךְ הוּא.

When we start line seven in this prayer:

1. We bend our knees on *koreem*.

2. We bow on *oomeeshtachaveem*.

3. We stand up on *oomodeem*.

(This is the last verse at the end of the second paragraph.)

11. וְנֶאֱמַר, וְהָיָה יְיָ לְמֶלֶךְ עַל כָּל הָאָרֶץ,
12. בַּיּוֹם הַהוּא יִהְיֶה יְיָ אֶחָד, וּשְׁמוֹ אֶחָד:

The message for me in this prayer is:

____

אֲדוֹן עוֹלָם

Reading Practice

Instructions: Below are words from the prayer. Repeat each line until the words are easy to read. Work individually or with a partner.

1. עוֹלָם אֲדוֹן אֲזַי כָּל
2. נִבְרָא נַעֲשָׂה נִקְרָא נוֹרָא
3. כֹּל כִּכְלוֹת מֶלֶךְ מָלַךְ יִמְלוֹךְ
4. הוּא הָיָה הֹוֶה יִהְיֶה בְּחֶפְצוֹ
5. גֹּאֲלִי גְוִיָּתִי חֶבְלִי נִסִּי כּוֹסִי רוּחִי
6. וְצוּר צָרָה יְצִיר אֶקְרָא אַפְקִיד אֵלִי

Reading Skills Checklist

Reading Skills Checklist

Instructions: Using the prayer on the next page, go through the checklist. Find examples of each skill. You can identify vowels with beans or circles. Letters or words can be circled or highlighted. Check off each skill as you go. How many examples of each skill did you find?

- ☐ ee beans ____
- ☐ ay beans ____
- ☐ eye beans ____
- ☐ words with יוֹ, יוּ ____
- ☐ shva at the beginning of the word ____
- ☐ shva in the middle of the word ____
- ☐ double shva ____
- ☐ chaf sofeet endings ____
- ☐ chataf vowels ____
- ☐ words with ach חַ ____
- ☐ כָּל, כָּל, בְּכָל, וּבְכָל ____
- ☐ God's name ____

אֲדוֹן עוֹלָם

Instructions: Use the following steps to practice reading this prayer:

1) Read each line and put each beat in a basket.
2) Fill in the number of beats you find for each line.
3) Practice reading each line individually or with a partner.

			Number of Beats
1.	אֲדוֹן עוֹלָם אֲשֶׁר מָלַךְ	בְּטֶרֶם כָּל יְצִיר נִבְרָא:	______
2.	לְעֵת נַעֲשָׂה בְחֶפְצוֹ כֹּל	אֲזַי מֶלֶךְ שְׁמוֹ נִקְרָא:	______
3.	וְאַחֲרֵי כִּכְלוֹת הַכֹּל	לְבַדּוֹ יִמְלוֹךְ נוֹרָא.	______
4.	וְהוּא הָיָה וְהוּא הֹוֶה	וְהוּא יִהְיֶה בְּתִפְאָרָה.	______
5.	וְהוּא אֶחָד וְאֵין שֵׁנִי	לְהַמְשִׁיל לוֹ לְהַחְבִּירָה.	______
6.	בְּלִי רֵאשִׁית בְּלִי תַכְלִית	וְלוֹ הָעֹז וְהַמִּשְׂרָה.	______
7.	וְהוּא אֵלִי וְחַי גֹּאֲלִי	וְצוּר חֶבְלִי בְּעֵת צָרָה.	______
8.	וְהוּא נִסִּי וּמָנוֹס לִי	מְנָת כּוֹסִי בְּיוֹם אֶקְרָא.	______
9.	בְּיָדוֹ אַפְקִיד רוּחִי	בְּעֵת אִישַׁן וְאָעִירָה.	______
10.	וְעִם רוּחִי גְּוִיָּתִי	יְיָ לִי וְלֹא אִירָא.	______

אֲדוֹן עוֹלָם

Theme: This song praises God as King and as Master of the universe; He alone rules over everything and we are dependent on Him.

Recognize and Understand

Below are words that appear here and in other prayers.
See your siddur for a full translation of this prayer.

.1	אֲדוֹן	Master	אֲשֶׁר	that	אֶחָד	one
.2	עוֹלָם	world	מָלַךְ	ruled	שֵׁנִי	second
.3	כֹּל	all	מֶלֶךְ	King	רֵאשִׁית	first, beginning
.4	לְעֵת	at the time, when	שְׁמוֹ	His Name	הוּא	He
.5	נַעֲשָׂה	was made	רוּחִי	my spirit		

Phrases and Patterns

Below are some phrases and/or patterns that appear in this prayer.
Learn their meaning to help you understand what you are reading.

<u>Phrases</u>

.6 אֲדוֹן עוֹלָם — Master of the universe

<u>Patterns</u>

In Adon Olam, the last words of each pair of lines rhyme. They are paired by verse and listed below. Underline these pairs of rhyming words on the next page.

.7 נִבְרָא - נִקְרָא

.8 נוֹרָא - בְּתִפְאָרָה

.9 לְהַחְבִּירָה - וְהַמִּשְׂרָה

.10 צָרָה - אֶקְרָא

.11 וְאָעִירָה - אִירָא

אֲדוֹן עוֹלָם

Read this page without mistakes.
Then learn the melody for this prayer and practice chanting it.

1. אֲדוֹן עוֹלָם אֲשֶׁר מָלַךְ בְּטֶרֶם כָּל יְצִיר נִבְרָא:
2. לְעֵת נַעֲשָׂה בְחֶפְצוֹ כֹּל אֲזַי מֶלֶךְ שְׁמוֹ נִקְרָא:

3. וְאַחֲרֵי כִּכְלוֹת הַכֹּל לְבַדּוֹ יִמְלוֹךְ נוֹרָא.
4. וְהוּא הָיָה וְהוּא הֹוֶה וְהוּא יִהְיֶה בְּתִפְאָרָה.

5. וְהוּא אֶחָד וְאֵין שֵׁנִי לְהַמְשִׁיל לוֹ לְהַחְבִּירָה.
6. בְּלִי רֵאשִׁית בְּלִי תַכְלִית וְלוֹ הָעֹז וְהַמִּשְׂרָה.

7. וְהוּא אֵלִי וְחַי גֹּאֲלִי וְצוּר חֶבְלִי בְּעֵת צָרָה.
8. וְהוּא נִסִּי וּמָנוֹס לִי מְנָת כּוֹסִי בְּיוֹם אֶקְרָא.

9. בְּיָדוֹ אַפְקִיד רוּחִי בְּעֵת אִישַׁן וְאָעִירָה.
10. וְעִם רוּחִי גְּוִיָּתִי יְיָ לִי וְלֹא אִירָא.

The message for me in this prayer is:

____

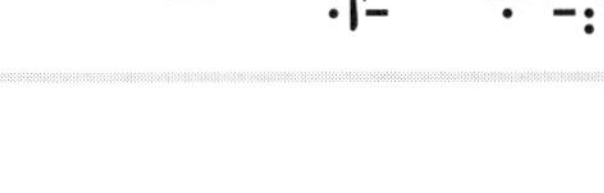

חֲצִי קַדִּישׁ

Theme: The Kadish is a prayer that sanctifies God's name.
God's name is His reputation and His presence in this world.

Read this page without mistakes.
Then learn the melody for this prayer and practice chanting it.

This prayer is written in Aramaic, a language similar to Hebrew. During the days of the Temple, Aramaic was the spoken language. Hebrew was the language used for prayers. Notice that שֵׁם is name in Hebrew, and שְׁמֵהּ is name in Aramaic.

1. יִתְגַּדַּל וְיִתְקַדַּשׁ שְׁמֵהּ רַבָּא.
2. בְּעָלְמָא דִּי בְרָא כִרְעוּתֵיהּ,
3. וְיַמְלִיךְ מַלְכוּתֵיהּ
4. בְּחַיֵּיכוֹן וּבְיוֹמֵיכוֹן
5. וּבְחַיֵּי דְכָל בֵּית יִשְׂרָאֵל.
6. בַּעֲגָלָא וּבִזְמַן קָרִיב וְאִמְרוּ אָמֵן:

7. יְהֵא שְׁמֵהּ רַבָּא מְבָרַךְ לְעָלַם וּלְעָלְמֵי עָלְמַיָּא:

8. יִתְבָּרַךְ וְיִשְׁתַּבַּח וְיִתְפָּאַר וְיִתְרוֹמַם וְיִתְנַשֵּׂא
9. וְיִתְהַדָּר וְיִתְעַלֶּה וְיִתְהַלָּל
10. שְׁמֵהּ דְּקֻדְשָׁא בְּרִיךְ הוּא
11. לְעֵלָּא מִן כָּל בִּרְכָתָא וְשִׁירָתָא
12. תֻּשְׁבְּחָתָא וְנֶחֱמָתָא,
13. דַּאֲמִירָן בְּעָלְמָא, וְאִמְרוּ אָמֵן:

עֲמִידָה: אָבוֹת / גְּבוּרוֹת Traditional: Patriarchs

Reading Practice (Only)

Theme: This is the opening section of the Amidah before Kedushah.
We address God, recall our ancestors, and describe God's power and deeds.

Read this page without mistakes.
Then learn the melody for this prayer and practice chanting it.

1. אֲדֹנָי שְׂפָתַי תִּפְתָּח וּפִי יַגִּיד תְּהִלָּתֶךָ:

When we say the blessing on lines two and seven:

1. We bend our knees on *baruch*.

2. We bow on *ata*.

3. We stand up before we say God's name.

2. בָּרוּךְ אַתָּה יְיָ אֱלֹהֵינוּ וֵאלֹהֵי אֲבוֹתֵינוּ, אֱלֹהֵי
3. אַבְרָהָם, אֱלֹהֵי יִצְחָק, וֵאלֹהֵי יַעֲקֹב. הָאֵל הַגָּדוֹל
4. הַגִּבּוֹר וְהַנּוֹרָא, אֵל עֶלְיוֹן, גּוֹמֵל חֲסָדִים טוֹבִים,
5. וְקוֹנֵה הַכֹּל, וְזוֹכֵר חַסְדֵי אָבוֹת, וּמֵבִיא גּוֹאֵל לִבְנֵי
6. בְנֵיהֶם לְמַעַן שְׁמוֹ בְּאַהֲבָה:

7. מֶלֶךְ עוֹזֵר וּמוֹשִׁיעַ וּמָגֵן: בָּרוּךְ אַתָּה יְיָ מָגֵן אַבְרָהָם:

8. אַתָּה גִּבּוֹר לְעוֹלָם אֲדֹנָי, מְחַיֵּה מֵתִים אַתָּה
9. רַב לְהוֹשִׁיעַ:

10. מְכַלְכֵּל חַיִּים בְּחֶסֶד, מְחַיֵּה מֵתִים בְּרַחֲמִים רַבִּים,
11. סוֹמֵךְ נוֹפְלִים, וְרוֹפֵא חוֹלִים, וּמַתִּיר אֲסוּרִים,
12. וּמְקַיֵּם אֱמוּנָתוֹ לִישֵׁנֵי עָפָר,מִי כָמוֹךָ בַּעַל גְּבוּרוֹת
13. וּמִי דוֹמֶה לָּךְ, מֶלֶךְ מֵמִית וּמְחַיֶּה וּמַצְמִיחַ יְשׁוּעָה:

14. וְנֶאֱמָן אַתָּה לְהַחֲיוֹת מֵתִים. בָּרוּךְ אַתָּה יְיָ מְחַיֵּה הַמֵּתִים:

Read these pages without mistakes.
Then learn the melody for this prayer and practice chanting it.

Ashrei is an acrostic. Verses follow the order of the aleph bet starting on line four.
Go through this prayer and see if there are key words that you recognize from other prayers.

1. אַשְׁרֵי יוֹשְׁבֵי בֵיתֶךָ, עוֹד יְהַלְלוּךָ סֶּלָה:
2. אַשְׁרֵי הָעָם שֶׁכָּכָה לּוֹ, אַשְׁרֵי הָעָם שֶׁיְיָ אֱלֹהָיו:

3. תְּהִלָּה לְדָוִד,
4. אֲרוֹמִמְךָ אֱלוֹהַי הַמֶּלֶךְ, וַאֲבָרְכָה שִׁמְךָ לְעוֹלָם וָעֶד:
5. בְּכָל יוֹם אֲבָרְכֶךָּ, וַאֲהַלְלָה שִׁמְךָ לְעוֹלָם וָעֶד:

6. גָּדוֹל יְיָ וּמְהֻלָּל מְאֹד, וְלִגְדֻלָּתוֹ אֵין חֵקֶר:
7. דּוֹר לְדוֹר יְשַׁבַּח מַעֲשֶׂיךָ, וּגְבוּרֹתֶיךָ יַגִּידוּ:

8. הֲדַר כְּבוֹד הוֹדֶךָ, וְדִבְרֵי נִפְלְאֹתֶיךָ אָשִׂיחָה:
9. וֶעֱזוּז נוֹרְאוֹתֶיךָ יֹאמֵרוּ וּגְדֻלָּתְךָ אֲסַפְּרֶנָּה:

10. זֵֽכֶר רַב טוּבְךָ יַבִּיעוּ, וְצִדְקָתְךָ יְרַנֵּנוּ:
11. חַנּוּן וְרַחוּם יְיָ, אֶרֶךְ אַפַּיִם וּגְדָל חָסֶד:

12. טוֹב יְיָ לַכֹּל, וְרַחֲמָיו עַל כָּל מַעֲשָׂיו:
13. יוֹדוּךָ יְיָ כָּל מַעֲשֶׂיךָ, וַחֲסִידֶיךָ יְבָרְכוּכָה:

Theme: Ashrei is a comprehensive list of all the qualities that we praise God for in our prayers.

14. כְּבוֹד מַלְכוּתְךָ יֹאמֵרוּ, וּגְבוּרָתְךָ יְדַבֵּרוּ:
15. לְהוֹדִיעַ לִבְנֵי הָאָדָם גְּבוּרֹתָיו, וּכְבוֹד הֲדַר מַלְכוּתוֹ:

16. מַלְכוּתְךָ מַלְכוּת כָּל עוֹלָמִים, וּמֶמְשַׁלְתְּךָ בְּכָל דֹּר וָדֹר:
17. סוֹמֵךְ יְיָ לְכָל הַנֹּפְלִים, וְזוֹקֵף לְכָל הַכְּפוּפִים:

18. עֵינֵי כֹל אֵלֶיךָ יְשַׂבֵּרוּ, וְאַתָּה נוֹתֵן לָהֶם אֶת אָכְלָם בְּעִתּוֹ:
19. פּוֹתֵחַ אֶת יָדֶךָ, וּמַשְׂבִּיעַ לְכָל חַי רָצוֹן:

20. צַדִּיק יְיָ בְּכָל דְּרָכָיו, וְחָסִיד בְּכָל מַעֲשָׂיו:
21. קָרוֹב יְיָ לְכָל קֹרְאָיו, לְכֹל אֲשֶׁר יִקְרָאֻהוּ בֶאֱמֶת:

22. רְצוֹן יְרֵאָיו יַעֲשֶׂה, וְאֶת שַׁוְעָתָם יִשְׁמַע וְיוֹשִׁיעֵם:
23. שׁוֹמֵר יְיָ אֶת כָּל אֹהֲבָיו, וְאֵת כָּל הָרְשָׁעִים יַשְׁמִיד:

24. תְּהִלַּת יְיָ יְדַבֶּר פִּי,
25. וִיבָרֵךְ כָּל בָּשָׂר שֵׁם קָדְשׁוֹ, לְעוֹלָם וָעֶד:
26. וַאֲנַחְנוּ נְבָרֵךְ יָהּ, מֵעַתָּה וְעַד עוֹלָם, הַלְלוּיָהּ:

The Shabba

Here is an overview of the Shabbat Morning Service. This chart shows the parts of the service and some prayers that are said. In this book, you have learned prayers from sections 1, 2, 3, and 5. In *The Sarah and David Bar/Bat Mitzvah Book* you will learn the prayers in sections 3 and 4.

1	2	3	4	5
Birchot HaShachar P'sukei D'zimra	**Shacharit**	**Torah Service: Aliyot**	**Torah Service: Haftarah**	**Musaf**
Birchot HaShachar Mah Tovu Morning Blessings P'sukei D'zimra Ashrei	Barchu Shema V'ahavta Mi Kamocha Amidah Chatzi Kadish	Open the Ark. Take out the Torah. 7 Aliyot Torah is read. Maftir MeeShebayrach	Haftarah is read (chapters from the Book of Nevi'im). Return the Torah to the Ark. Sermon	Ashrei Amidah Aleinu Adon Olam

6

Kiddush

Wine and Challah!

Cake and Cookies!